HARMONIE-JOUJOU

RECUEIL D'EXERCICES

SUR

TOUS LES PRINCIPES D'HARMONIE

RENFERMANT DOUZE APPLICATIONS

SUR LES INTERVALLES SYMPHONIQUES

ET VINGT-QUATRE

SUR LES ACCORDS ET LES CADENCES

Composé spécialement pour l'HARMONIE-JOUJOU, système Ferdinand BELLOUR

PAR

P. ESPENT, Professeur

Organiste au Sanctuaire de Notre-Dame de la Garde.

PREMIÈRE PARTIE N° 2 (CORRIGÉ)

MARSEILLE

TYPOGRAPHIE ET LITHOGRAPHIE MARSEILLAISE MARIUS OLIVE
RUE SAINTE, 29
1878

HARMONIE A DEUX PARTIES
Applications sur les Intervalles Symphoniques
HARMONIE-JOUJOU. PARAGRAPHE 53.

Andante
N.º 1
Andantino.
N.º 2
Andantino.
N.º 3

Adagio
N°4
Grazioso
N°5

Andantino
N°6

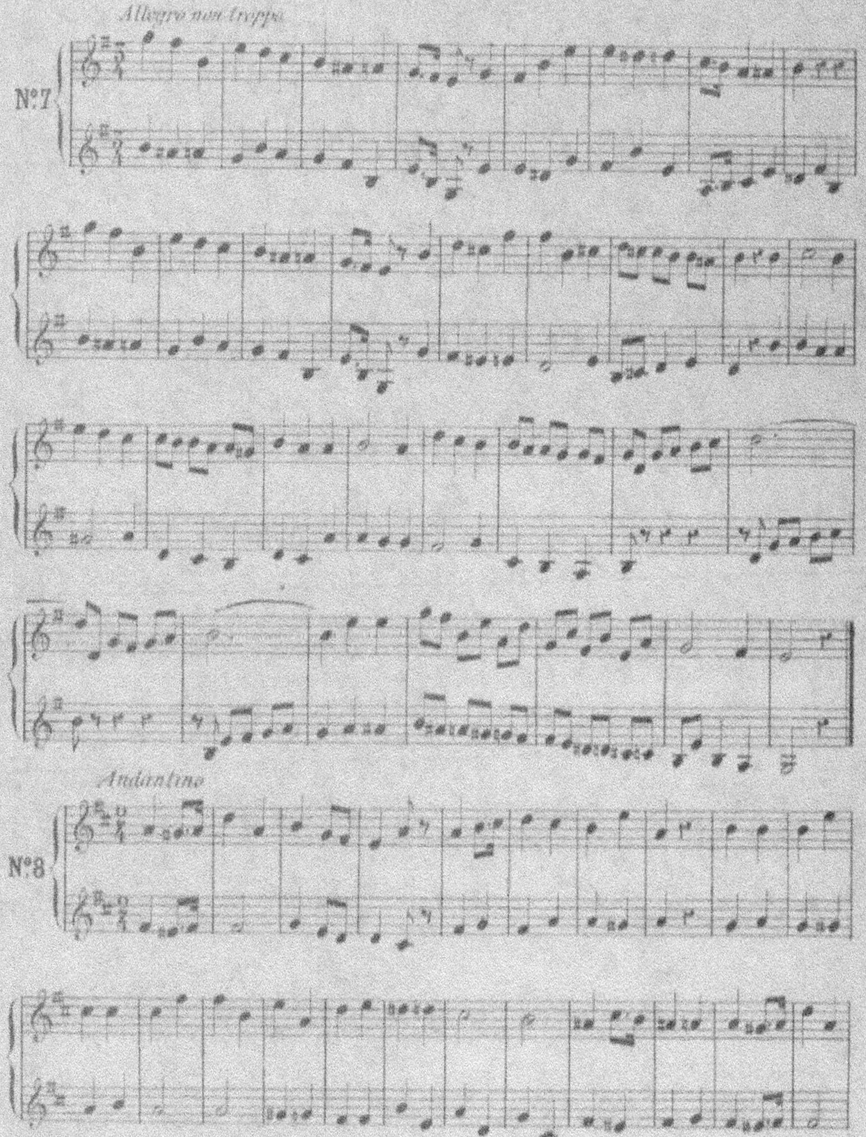
Allegro non troppo
N.º 7
Andantino
N.º 8

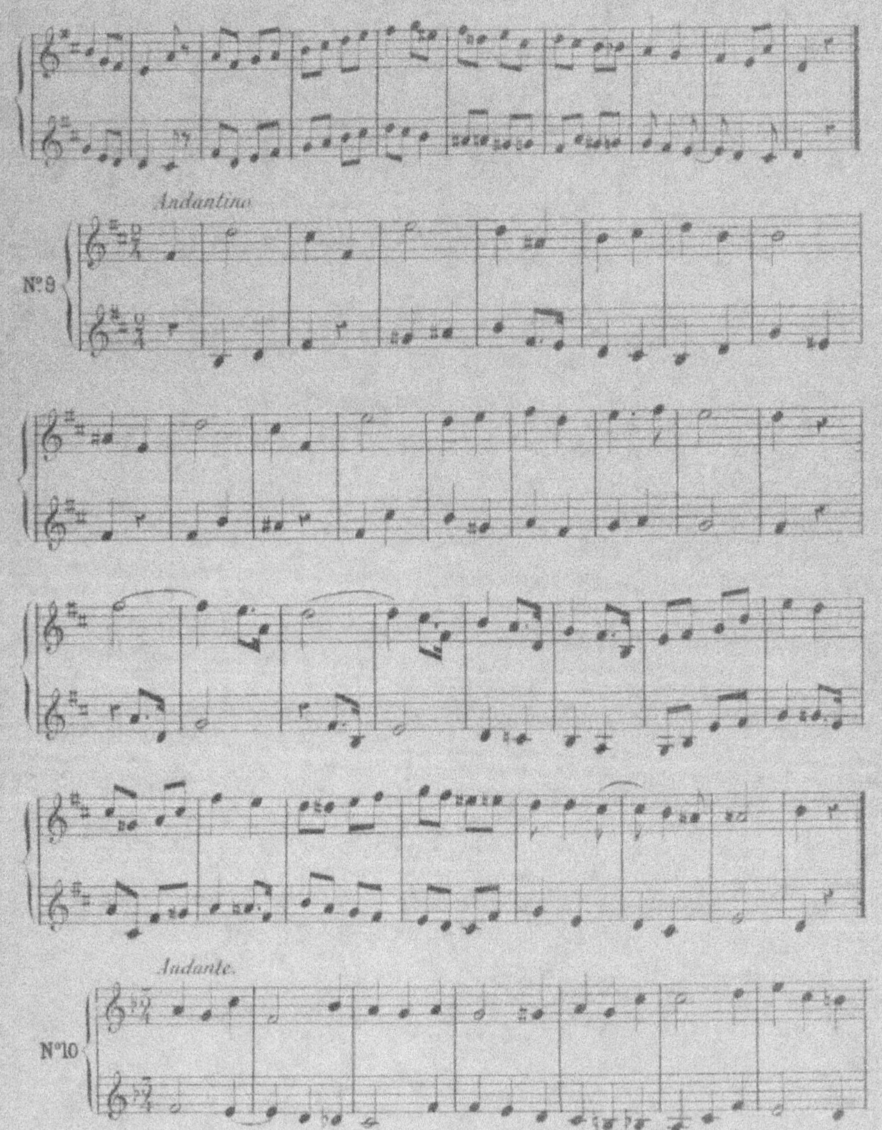
Andantino
N.º 9
Andante.
N.º 10

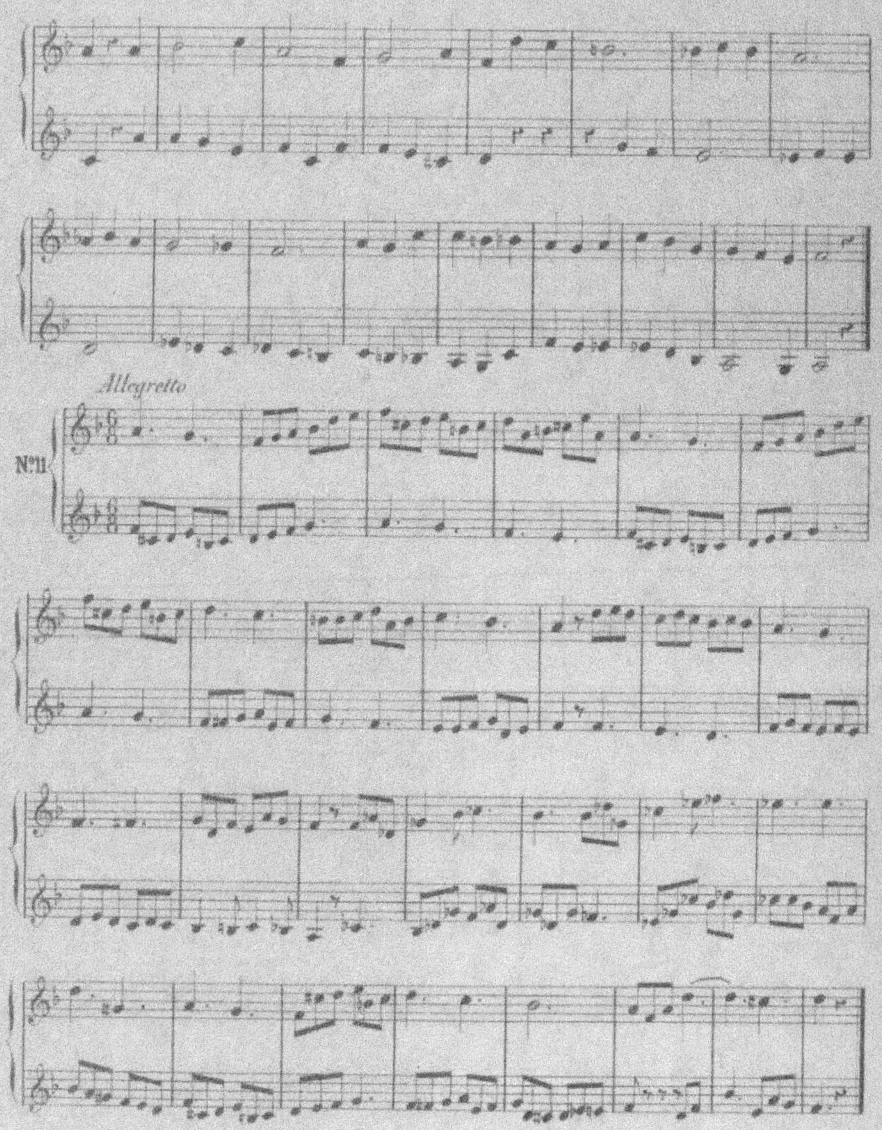
Allegretto
N.º11

Fugato

N°12

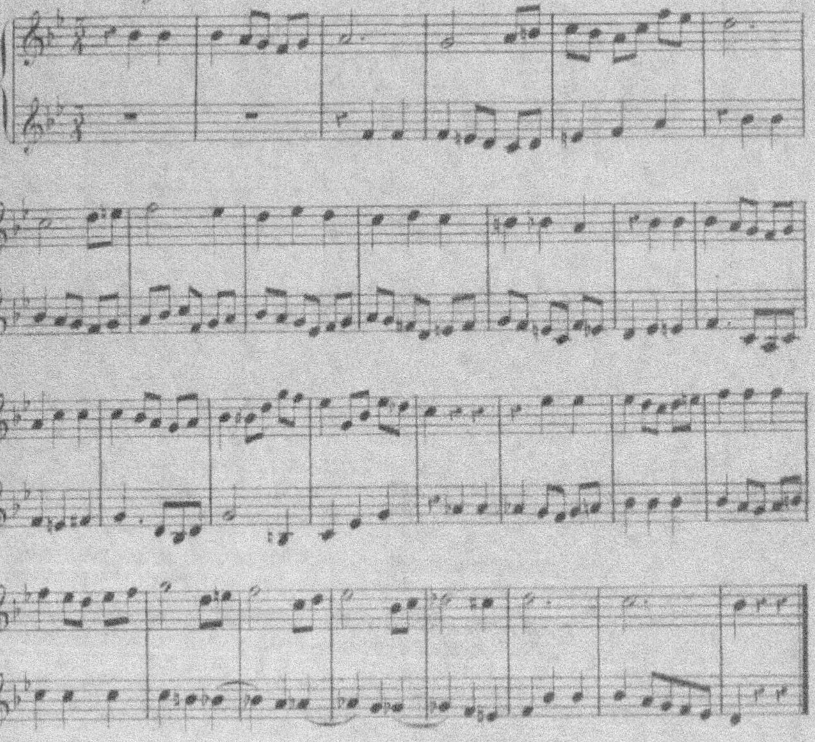

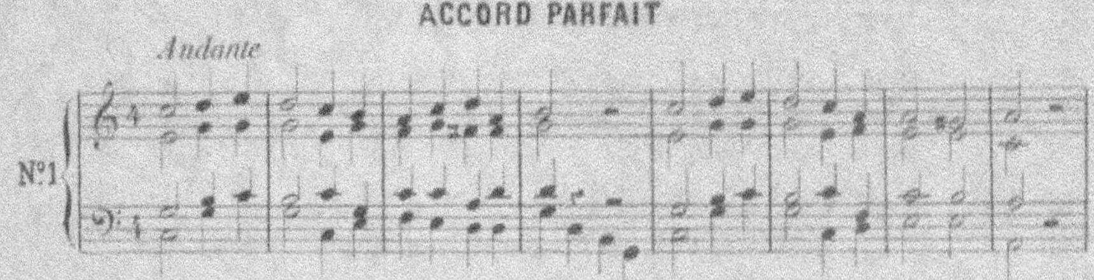

HARMONIE A PLUS DE DEUX PARTIES

HARMONIE-JOUJOU. PARAGRAPHE 89

Des six accords fondamentaux et de leurs renversements

ACCORD PARFAIT

Andante

N°1

Andante
Nº 2
Andante
Nº 3
Andantino
Nº 4

Andantino
N.º 5
Andante
N.º 6

Andantino
Nº 7
Andantino
Fin
Nº 8
D.C.
Adagio
2ª Volta
1ª Volta
Nº 9.

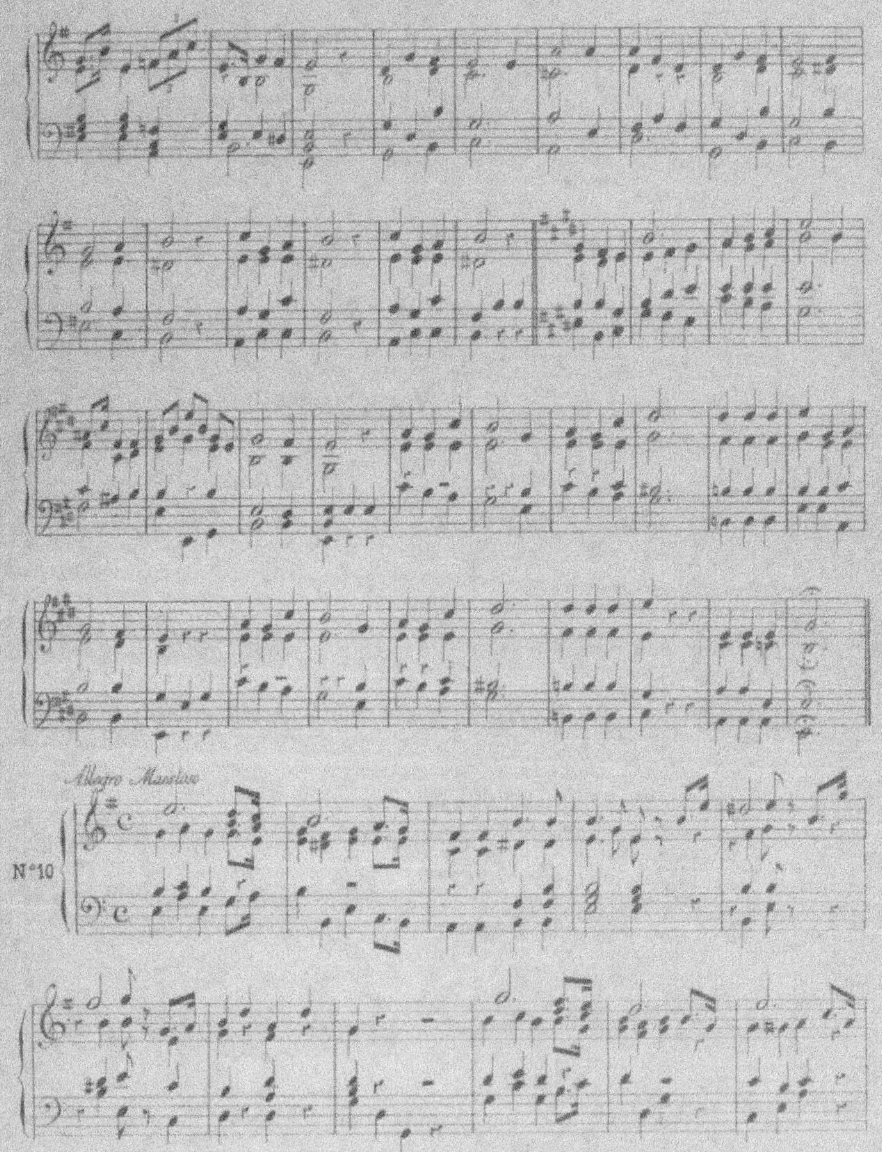
Allegro Maestoso
N°10

Andantino
N°11
Lento
N°12

ACCORD DE QUINTE DIMINUÉE.

Harmonie Joujou. Paragraphe 90.

ACCORD DE SEPTIÈME DOMINANTE

Harmonie Joujou. Paragraphe 94

ACCORD de SEPTIEME DIMINUÉE. Harmonie Jonjou. Paragraphe 96.

ACCORD DE SEPTIÈME SENSIBLE. Harmonie Joujou. Paragraphe 95.

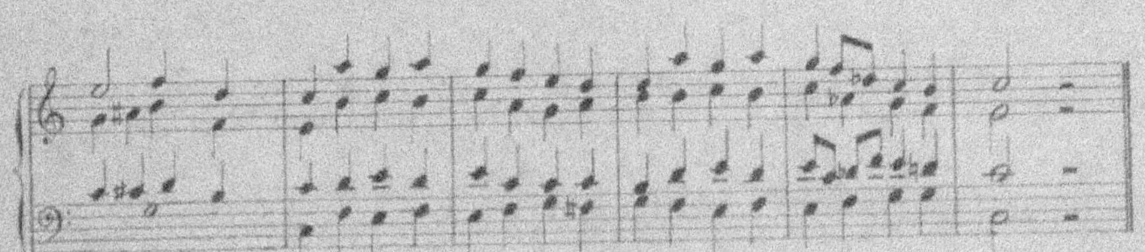

NOTA: *Nous ne donnons pas d'explication sur l'accord de Neuvième Dominante parcequ'il est d'un emploi très difficile et d'ailleurs peu usité, nous craindrions d'embarrasser les jeunes élèves et leur faisant traiter cet accord, nous aurons occasion de l'employer dans la seconde partie de cet ouvrage.*

DES CADENCES.

Harmonie Joujou. Paragraphe 99.

FIN DE LA PREMIÈRE PARTIE

9 782329 237701